I0070444

CONSULTATION

POUR

M. BATTON,

FLEURISTE DU ROI ET DES COURS ÉTRANGÈRES,

INTIMÉ SUR L'APPEL PRINCIPAL ET INCIDEMMENT APPELANT,

CONTRE

M. LE PRÉFET DE LA SEINE,

APPELANT PRINCIPAL ET INTIMÉ SUR L'APPEL INCIDENT.

————◆————

Le Conseil soussigné, qui a lu la sentence du tribunal de la Seine, en date du 15 décembre 1832, les conclusions prises et les mémoires publiés en première instance, et toutes les autres pièces du procès,

Est d'avis que l'appel incident de M. Batton est bien fondé, et que le chef des conclusions dudit sieur Batton, tendant à ce que la Ville de Paris soit tenue de reconstruire un mur, de manière qu'il puisse, jusqu'à la fin de son bail, continuer d'occuper la boutique dont il est locataire, doit lui être adjugé.

Il faut d'ailleurs préciser les faits.

1

FAITS.

M. Batton, dont l'habileté comme fabricant de fleurs, est généralement connue, occupe une boutique rue Richelieu, n°. 76. Son bail a encore cinq années à courir. Une petite portion de la maison dont il s'agit, se trouve dans l'alignement de la rue qui vient d'être ouverte de la place de la Bourse à la rue Richelieu. Cette rue est percée, en vertu d'une ordonnance qui déclare l'utilité publique. La veuve et les héritiers Chauvet, propriétaires de la maison, ont exigé que la Ville (ou le sieur Pène, entrepreneur du percement de la rue, qui exerce les droits de la Ville), fît l'acquisition de la totalité de la maison. Si l'on se borne à démolir la portion de cet immeuble qui se trouve dans l'emplacement que doit occuper la nouvelle rue, et à réédifier un mur dans l'alignement de cette rue, il est certain que M. Batton ne sera privé que d'une fraction minime des lieux qu'il occupe, et que ce qui lui restera suffira pour son commerce. Cette opération est très praticable, les experts nommés par le tribunal l'ont reconnu. Devant les premiers juges, M. Batton a pris des conclusions principales, tendant à ce que *la maison fût conservée dans son état actuel et à ce que la Ville de Paris ne pût en démolir aucune partie...* Et des conclusions subsidiaires, tendant à ce que *la Ville de Paris ne pût démolir que la portion de la maison, dont l'emplacement est nécessaire à l'ouverture de la rue, et qu'elle fût tenue de construire un mur, de manière que le sieur Batton pût continuer jusqu'à la fin de son bail d'occuper la boutique dont il est locataire.*

Les conclusions principales ont été rejetées comme devant avoir pour résultat, dans le cas où elles auraient été accueillies, *de modifier des actes administratifs.*

Les conclusions subsidiaires ont pareillement été écartées par les motifs suivans :

« Attendu que la dame Chauvet, propriétaire de la maison, *dont une
» portion seulement est nécessaire à l'établissement de la rue,* a usé de la
» faculté que lui donnait l'art. 51 de la loi du 16 septembre 1807, et a
» exigé que la totalité de la maison fût acquise par l'administration ;

» qu'ainsi *la Ville de Paris doit être considérée comme devenue pro-*
» *priétaire de la maison tout entière ;*

» Attendu que *l'expropriation d'un immeuble pour cause d'utilité pu-*
» *blique emporte la résiliation des baux dont il était l'objet ;*

» Qu'à l'égard de l'administration qui exproprie, le concours ou la pré-
» sence des locataires n'est pas nécessaire pour la validité de la procédure,
» et pour que le jugement d'expropriation puisse leur être opposé ;

» Qu'aux termes de l'art. 18 de la loi du 8 mars 1810, ils n'ont droit qu'à
» une indemnité dont le propriétaire seul reste chargé envers eux, s'il a
» négligé de les appeler en cause ;

» Attendu que la prétention du sieur Batton ne serait pas mieux fondée,
» lors même qu'on admettrait que la Ville de Paris doit être regardée
» comme succédant purement et simplement aux droits et obligations de la
» dame Chauvet vis-à-vis des locataires ; — Attendu en effet qu'aux termes
» de l'art. 1722 du Code civil, si, pendant la durée du bail, la chose louée
» est détruite en totalité *par cas fortuit*, le bail est résilié de plein droit ; et
» que, si elle n'est détruite qu'en partie, le preneur peut, suivant les cir-
» constances, demander ou une diminution de prix, ou la résiliation même
» du bail, sans que, dans l'un et l'autre cas, il y ait lieu à aucun dédom-
» magement ; qu'il résulte bien de cet article qu'en cas de destruction par
» cas fortuit ou force majeure d'une partie seulement de la maison, le loca-
» taire n'est pas tenu de vider les lieux et peut continuer, si bon lui semble
» de les occuper ; mais *qu'il ne s'ensuit pas que le propriétaire soit*
» *tenu de remettre les lieux dans l'état où ils étaient avant le cas fortuit,*
» *de reconstruire ce qui a été détruit par force majeure ;*

» Que l'obligation de reconstruire serait contraire au principe, d'après
» lequel nul ne doit être responsable des cas de force majeure, si ce n'est
» dans les contrats qui ont ces cas pour objet, tels que les contrats
» d'assurance ;

» Que cette obligation n'est point imposée au propriétaire par l'art. 1722 ;
» qu'au contraire ses termes la repoussent ; qu'en donnant au locataire
» le droit de demander une diminution du prix du bail, en raison de ce
» que la jouissance se trouve diminuée par la destruction d'une partie de la
» chose louée, *il suppose nécessairement que le propriétaire n'est pas*
» *tenu de reconstruire la chose détruite ;*

1..

» Attendu que la cause d'utilité publique qui exige la destruction d'une
» partie de la chose louée au sieur Batton, et notamment de tout le mur
» latéral de la maison depuis le haut jusqu'en bas, est un cas fortuit ou une
» force majeure ; *qu'en conséquence, la Ville de Paris, considérée comme*
» *étant purement et simplement aux droits de la dame Chauvet ou comme*
» *ayant acquis la maison par contrat volontaire, ne serait pas tenue de*
» *construire en remplacement du mur qui va être détruit, un autre mur*
» *pour mettre le sieur Batton à même de continuer la jouissance de sa*
» *boutique.* »

DISCUSSION.

Le jugement dont est appel nous paraît avoir méconnu les principes de
la matière, dans le chef qui a rejeté les conclusions subsidiaires de M. Batton.

« Toutes les propriétés, dit la Charte, sont *inviolables.* » . . . .
. . « L'État peut *exiger le sacrifice* d'une propriété *pour cause d'intérêt*
» *public légalement constaté,* mais avec une indemnité préalable. »

Ces principes s'appliquent évidemment aux droits que le propriétaire
peut avoir concédés à des tiers sur sa chose ; ceux à qui ces droits sont concédés étant les ayant-cause du propriétaire, sont, comme lui, protégés
par les dispositions conservatrices que nous venons de rappeler. Ainsi le
droit du locataire est, dans les limites qui lui appartiennent, *inviolable*
comme celui du propriétaire ; on ne peut en *exiger le sacrifice* que *pour*
cause d'intérêt public légalement constaté.

Il suit de là qu'à l'égard du locataire de même qu'à l'égard du propriétaire, la dépossession pour cause d'utilité publique, doit se borner à ce
qui est strictement nécessaire pour l'exécution des travaux qu'il s'agit
d'exécuter.

Ainsi, veut-on faire une route, ou percer une rue? on a le droit de
s'emparer, par voie d'expropriation pour cause d'utilité publique, de tous
les terrains ou portions de terrain, édifices ou portions d'édifices, qui occupent l'emplacement destiné à la route ou à la rue ; mais on ne peut aller
au-delà. Tous droits de propriété, d'usufruit ou de location relatifs à des
immeubles ou portions d'immeubles situés en dehors de cet emplacement
doivent être respectés

La règle générale, c'est l'inviolabilité de la propriété, et par conséquent de tous les droits qui en dérivent; la faculté d'exproprier pour utilité publique n'est qu'une exception; cette exception doit être soigneusement renfermée dans ses bornes naturelles; elle ne peut, sous aucun prétexte, excéder ce qui est indispensable pour atteindre le but d'utilité publique que l'administration se propose.

C'est de cette doctrine que M. Batton réclame l'application. Il dit à la Ville de Paris : Prenez toute la portion des lieux loués, dont vous avez besoin pour percer votre rue; mais n'allez pas au-delà; laissez-moi le reste. J'ai un contrat en vertu duquel je devais jouir de ma boutique pendant cinq ans encore; le contrat ne peut fléchir que devant l'utilité publique. Or l'utilité publique ne commande le sacrifice que d'une petite portion des lieux loués; le droit résultant de mon contrat reste donc intact, quant au surplus.

Examinons cependant les objections résultant du jugement.

PREMIÈRE OBJECTION.

Mme. Chauvet, propriétaire, a usé de la faculté que lui donnait l'article 51 de la loi du 16 septembre 1807; elle a exigé que la totalité du terrain fût acquise par l'administration. *Ainsi la Ville de Paris doit être considérée comme devenue propriétaire de la maison tout entière.*

RÉPONSE.

Sans doute la Ville de Paris doit être considérée comme devenue propriétaire de l'immeuble entier; mais il faut savoir à quelles conditions; c'est là ce dont les premiers juges ne se sont pas occupés.

L'article 51 de la loi du 16 septembre 1807, est ainsi conçu :

« Les maisons et bâtimens dont il serait nécessaire de faire démolir
» et d'enlever une portion pour cause d'utilité publique légalement re-
» connue, *seront acquis en entier, si le propriétaire l'exige,* sauf à l'ad-
» ministration publique ou aux communes à *revendre* les portions de
» bâtimens ainsi acquises, et qui ne seront pas nécessaires pour l'exécution
» du plan, etc., etc. »

Mme. Chauvet avait donc la faculté de ne céder à la Ville de Paris que la petite portion de sa maison qui se trouvait atteinte par l'alignement; la Ville n'aurait pu l'obliger à lui abandonner le surplus; et, pour le dire en passant, cette disposition confirme de plus en plus le principe ci-dessus posé, que le droit d'expropriation, pour cause d'utilité publique, se renferme strictement dans les limites déterminées par l'étendue et la nature des travaux que l'on veut exécuter. Il est vrai que Mme. Chauvet pouvait aussi obliger la Ville à acquérir le tout, et qu'elle a usé de ce droit; mais pour apprécier les effets qui doivent résulter, à l'égard du locataire, de cette option du propriétaire, examinons d'abord quelle aurait été la situation de M. Batton, si Mme. Chauvet avait pris le parti opposé, si elle n'avait abandonné à la Ville que la petite portion de son immeuble qui se trouvait dans l'alignement.

Dans ce cas, Mme. Chauvet, qui serait demeurée propriétaire du surplus de la maison, aurait-elle pu dire à M. Batton : J'entends que votre bail soit résilié, et je vais vous expulser, soit pour louer à d'autres, soit pour démolir ma maison et la reconstruire tout à neuf? Cette prétention de Mme. Chauvet n'aurait été qu'une complète extravagance. M. Batton lui aurait répondu : J'ai un bail, qui fait notre loi commune; les conventions, aux termes de l'article 1134 du Code civil, *ne peuvent être révoquées que du consentement mutuel de ceux qui les ont faites, ou pour les causes que la loi autorise.*

Il n'y a pas de *consentement mutuel*, puisque je refuse formellement le mien; et aucune loi ne vous autorise à briser notre contrat. Sans doute une partie de la chose louée est détruite, mais il me convient de continuer à jouir du surplus; c'est un droit dont vous ne pouvez pas me priver.

Ces raisons auraient évidemment été sans réplique.

Voyons maintenant si la Ville, que Mme. Chauvet a obligée d'acquérir le tout, a plus de droit que n'en aurait eu cette dernière dans le cas où elle n'aurait cédé que la portion comprise dans l'alignement de la rue.

L'option accordée par l'art. 51 de la loi de 1807, aux propriétaires, est tout-à-fait dans leur intérêt; elle a pour but d'empêcher que l'on ne morcèle une maison contre le gré de celui à qui elle appartient.

Lorsque le propriétaire a opté pour la cession de la totalité, et que l'immeuble est ainsi passé entre les mains de l'État ou de la commune, cet immeuble se divise, par la force des choses, en deux portions. Celle qui est réclamée par l'utilité publique , doit être immédiatement consacrée à cette destination ; et , comme le dit l'art. 538 du Code civil , elle n'est plus *susceptible d'une propriété privée.*

Au contraire , celle qui n'est pas nécessaire pour la confection des travaux , est possédée par l'État ou la commune d'une manière toute patrimoniale ; ce qui le prouve jusqu'à l'évidence , c'est que l'art. 51 de la loi de 1807 en autorise la *revente.*

Ainsi , relativement à cette dernière portion , l'État ou la commune n'a pas plus de droit que n'en aurait tout autre acquéreur ; il n'en a donc pas plus que le vendeur lui-même ; et ainsi , il est tenu de respecter les droits du locataire , comme le serait le vendeur , s'il avait conservé la portion non affectée aux travaux.

Si le principe invoqué par les premiers juges était vrai , à quelles conséquences iniques ne conduirait-il pas ? Supposons une maison composée de deux corps de logis ; l'un de ces corps de logis est placé sur un terrain qui doit servir au percement d'une rue ; le propriétaire exige que la Ville achète la totalité de la maison. On abat celui des deux corps de logis qui se trouve situé sur l'emplacement destiné à la rue ; la Ville conserve l'autre. Dira-t-on qu'elle a le droit d'expulser tous les locataires de ce dernier corps de logis ? Où pourrait-elle puiser un droit aussi contraire au bon sens et à la justice ? Cependant elle l'aurait , si la doctrine du Tribunal de première instance était vraie ; et elle pourrait relouer à d'autres ; elle pourrait même relouer aux locataires ainsi évincés , en exigeant d'eux une augmentation de prix : genre de spéculation que les lois n'ont certainement pas entendu autoriser.

Les magistrats de ce Tribunal ont probablement été frappés de l'idée qu'il était plus avantageux pour la Ville de démolir , puis de rebâtir à neuf , que de conserver la portion de l'immeuble non atteinte par l'alignement , et d'entretenir les baux. C'est là en effet ce qu'avaient dit les experts ; ils reconnaissent , dans leur rapport , qu'il est possible de laisser subsister la portion de la maison qui n'est pas située sur l'emplacement de la rue , et de la clore par un mur ; mais ils ajoutent que dans ce cas , *la Ville sera loin d'obtenir de la propriété tout l'avantage qu'elle pourrait en tirer , si elle faisait une reconstruction totale qui lui faciliterait d'établir une distribution plus avantageuse et beaucoup plus productive.*

Raisonner ainsi , c'est perdre tout-à-fait de vue la question. Il ne s'agit pas de savoir si la Ville ou le spéculateur à qui elle a cédé ses droits, fera une bonne affaire, relativement à la maison n⁰. 76 ; il s'agit de justice et de respect pour les contrats. M. Batton est tenu de céder la portion de sa location qui est nécessaire pour le percement de la rue , rien de plus , rien de moins : le reste est inviolable ; il l'aurait été pour Mᵐᵉ. Chauvet, si elle n'avait vendu que la partie comprise dans l'alignement ; il l'est évidemment pour la Ville, qui est aux droits de Mᵐᵉ. Chauvet. Comment veut-on que le sort du locataire dépende du choix du propriétaire ? Jamais le droit de l'un des contractans ne peut rester soumis à la volonté de l'autre. Quoi ! on admettrait que le propriétaire peut dire : il ne tient qu'à moi de maintenir ou d'anéantir le bail que j'ai fait à mon locataire ! Si je ne cède que la portion comprise dans l'alignement, le bail sera maintenu ; mais si je cède le tout, il ne le sera pas ! Un tel système n'est pas tolérable.

SECONDE OBJECTION.

L'expropriation d'un immeuble pour cause d'utilité publique emporte la résiliation des baux dont il était l'objet.

RÉPONSE :

Il faut distinguer.

S'agit-il des baux de la portion de l'immeuble qui doit être détruite pour exécuter les travaux ? Sans doute l'expropriation pour cause d'utilité publique en emporte la résiliation.

Mais s'agit-il au contraire des baux de la portion de l'immeuble qui peut subsister, de la portion que l'État ou la commune possède patrimonialement et qui est susceptible d'être revendue ? Il n'y a aucun motif pour détruire l'effet de ces baux. Les droits acquis aux preneurs ne peuvent céder que devant l'intérêt général qui réclame les travaux. Donc ces droits doivent subsister lorsqu'ils s'appliquent à des portions d'immeubles, dont la destruction n'est pas nécessaire pour la confection des travaux.

Il faut faire le même raisonnement à l'égard d'un bail qui s'applique en partie à la fraction destinée à être détruite et en partie à la fraction qui peut être conservée , sans préjudice pour les travaux. Si le locataire consent à la division (et il en est le maître) , le bail cessera d'exister, quant à la première de ces deux fractions, mais il conservera toute sa force, quant à la seconde.

À cet égard, le droit du locataire est semblable à celui du propriétaire et découle du même principe.

Le propriétaire peut dire : Vous n'avez besoin, pour exécuter vos travaux, que de telle portion de ma maison ; je ne veux vous céder que cette portion ; j'entends conserver le reste. Sans doute il a aussi le droit d'obliger l'administration d'acquérir le tout ; mais c'est une faculté dont il lui est loisible d'user ou de ne pas user.

De même le locataire est fondé à dire à l'État ou à la commune : Vous êtes devenu propriétaire de toute la maison, soit parce que cela vous a convenu, soit parce que mon bailleur l'a requis ; peu m'importe à moi ; le contrat passé entre vous et mon bailleur m'est étranger : il ne saurait porter atteinte à mes droits. Les droits ne peuvent être détruits ou modifiés que par les exigences de l'utilité publique.

Ainsi là où finit l'utilité publique, je cesse d'être obligé de renoncer à mon bail. Je vous remettrai donc la portion des lieux loués qui se trouve comprise dans l'emplacement de la rue, de la route ou du canal que vous établissez ; mais je garderai le surplus.

Cette résistance du locataire n'est pas moins fondée que celle du propriétaire ; l'une et l'autre sont autorisées par le principe que la propriété, les contrats, les droits acquis, sont des choses sacrées auxquelles on ne peut toucher que pour raison d'utilité publique, et que dans la mesure et l'étendue réclamées par l'utilité publique.

Supposons que la Ville de Paris fût d'ancienne date propriétaire de la maison rue Richelieu, nº. 76, et que ce fût elle qui eût loué à M. Batton la boutique qu'il occupe : pourrait-elle aujourd'hui l'évincer ?

Oui, elle pourrait l'évincer de la petite portion nécessaire pour le percement de la rue.

Mais non, incontestablement, elle ne pourrait pas l'évincer du surplus.

Comment donc aurait-elle plus de droit par suite de l'acquisition qu'elle a faite de Mme. Chauvet ? Est-ce que Mme. Chauvet n'était pas tenue de faire jouir ses locataires ? Est-ce que la Ville ne succède pas à cette obligation, qui se trouve modifiée seulement jusqu'à concurrence de ce que réclame l'utilité publique, et pas au-delà ?

2

TROISIÈME OBJECTION.

Aux termes de l'art. 18 de la loi du 8 mars 1810, les locataires n'ont droit qu'à une indemnité dont le propriétaire reste chargé envers eux, s'il a négligé de les appeler.

RÉPONSE.

Il suffit de lire l'art. 18 pour voir qu'il ne s'applique qu'au cas où l'éviction des locataires est nécessaire pour l'exécution des travaux ; cet article porte :

« Dans le cas où il y aurait des tiers intéressés à titre d'usufruitier, de
» fermier ou de locataire, *le propriétaire sera tenu de les appeler avant la*
» *fixation de l'indemnité pour concourir, en ce qui les concerne, aux opé-*
» *rations y relatives ;* sinon il restera seul chargé, envers eux, des indem-
» nités que ces derniers pourraient réclamer. Les indemnités des tiers in-
» téressés, ainsi appelés, ou intervenans, seront réglées en la même forme
» que celles dues aux propriétaires. »

Ainsi, cet article suppose le cas où des locataires doivent être dépossédés ; il faut que le propriétaire les appelle ; sinon il demeure garant envers eux.

Mais dans quel cas les locataires doivent-ils être dépossédés ? Voilà ce que l'art. 18 ne règle pas. Doivent-ils être dépossédés, selon le bon plaisir de l'administrateur, et sans que les lieux qu'ils occupent soient nécessaires pour les travaux ? Ou ne doivent-ils être dépossédés que quand les travaux l'exigent, et jusqu'à concurrence de la portion qu'ils exigent ? Voilà la question. L'art. 18 ne s'en occupe pas. C'est dans la Charte, dans l'équité, dans la raison, dans le principe de l'inviolabilité des droits acquis et dans l'analogie tirée de l'article 51 de la loi du 16 septembre 1807, qu'il faut en chercher la solution. La loi de 1810 est muette à cet égard ; elle ne s'est même pas expliquée sur le cas prévu par l'art. 51 de celle de 1807, c'est-à-dire, sur le cas où une portion seulement d'une maison est nécessaire pour l'exécution des travaux ; elle suppose perpétuellement que l'occupation de l'immeuble entier est nécessaire. On ne saurait donc argumenter des dispositions de cette loi.

QUATRIÈME OBJECTION.

Aux termes de l'article 1722 du Code civil, si pendant la durée du bail, la chose louée est détruite en partie, le preneur peut, suivant les circonstances, demander une diminution de prix ou la résiliation même du bail ; mais il ne peut obliger le bailleur à reconstruire ce qui a été détruit. Or, une expropriation pour cause d'utilité publique, est un événement de force majeure. Donc, Mme Chauvet, quand elle serait restée propriétaire de la partie de maison non comprise dans l'alignement, n'aurait pas pu être contrainte à construire le mur latéral nécessaire pour clore cette partie de maison.

RÉPONSE.

1°. L'art. 1722 ne dit pas ce qu'on lui fait dire ; il ne s'explique aucunement sur la question de savoir si le bailleur sera obligé de faire reconstruire une portion de maison détruite par force majeure. Cet article est ainsi conçu :

« Si, pendant la durée du bail, la chose louée est détruite en totalité
» par cas fortuit, le bail est résilié de plein droit ; *si elle n'est détruite qu'en*
» *partie, le preneur peut, suivant les circonstances, demander ou une*
» *diminution de prix, ou la résiliation même du bail. Dans l'un et l'autre*
» *cas, il n'y a lieu à aucun dédommagement.* »

Ainsi rien de relatif à la reconstruction.

Nous convenons cependant que, si un corps-de-logis était détruit en totalité par un incendie, ou par tout autre événement de force majeure, on ne pourrait forcer le bailleur de le reconstruire.

Mais si une petite partie seulement d'une maison ou d'un corps de logis est détruite, et s'il ne s'agit que de construire un mur pour clore la partie subsistante ; il nous semble que le bailleur peut y être contraint.

C'est ce qui résulte de la combinaison de l'art. 1722, qui porte que le preneur peut réclamer la continuation de son bail avec diminution de prix, et du principe que le bailleur est obligé de *tenir le preneur clos et couvert*, *ou* (comme le dit l'art. 1719), *d'entretenir la chose louée en état de servir à l'usage pour lequel elle a été louée.*

2°. Il ne s'agit pas ici d'un événement de force majeure, mais d'une vente forcée, sous l'obligation, de la part de l'administration, de désintéresser qui de droit et de laisser subsister tout ce qui n'est pas nécessaire pour l'exécution des travaux; et on va voir combien la différence est grande.

Si la portion de maison, qui, dans l'espèce, doit être détruite, avait été la proie d'un incendie, ou avait été ruinée par tout autre accident, le propriétaire de la maison n'aurait reçu aucun dédommagement.

Par suite de l'expropriation, au contraire, il reçoit une indemnité. Supposons, pour développer, à cet égard, notre pensée, que Mme. Chauvet, au lieu d'obliger la Ville à acheter toute la maison, eût préféré, comme elle en avait le droit, ne céder que la petite fraction de cette maison qui se trouvait comprise dans l'alignement, l'indemnité aurait été fixée comme il suit :

On aurait calculé la diminution de valeur de la maison, résultant du retranchement de la fraction destinée à être détruite.

On aurait calculé, en outre, la dépense qu'aurait entraînée la construction d'un mur latéral pour clore la partie conservée.

L'indemnité se serait composée de la réunion de ces deux élémens.

Mme. Chauvet, recevant ainsi une indemnité pour la mettre en état de bâtir ce mur, n'aurait pu évidemment refuser à ses locataires (si ceux-ci avaient voulu continuer leur bail) d'opérer cette construction.

La Ville, qui succède aux droits et aux obligations de Mme. Chauvet, est évidemment dans le même cas.

3°. La Ville peut d'autant moins invoquer l'art. 1722 du Code civil, que c'est elle qui, dans son intérêt, a provoqué l'expropriation ; cette expropriation est donc l'effet de sa volonté, et non celui d'une force majeure.

De quoi s'agit-il, en définitive ?

Il s'agit, d'un côté, de savoir si la Ville tirera un parti plus ou moins avantageux de la maison ;

De l'autre, si M. Batton éprouvera ou non un immense préjudice dans son commerce et dans sa fortune.

En effet, les experts ont reconnu que *si M. Batton quittait entièrement*

*la rue Richelieu, toutes les personnes qui savent que les belles fleurs se
vendent dans cette rue, ne trouvant plus que M. Nattier, ce dernier
profiterait évidemment de tout le casuel...* Or, qui garantit à M. Batton
que, s'il est expulsé, il trouvera immédiatement une boutique convenable
dans la rue Richelieu? Il résulte même d'un avis de MM. Renié et Guillemot, architectes, qu'il n'y a maintenant à louer dans cette rue aucune
boutique qui ne présente pour M. Batton des inconvéniens graves.

Ainsi, la justice est appelée à prononcer entre une ville à laquelle il convient de percer une rue; ou, pour parler plus exactement, entre le spéculateur à qui la ville a cédé ses droits, et un citoyen qui se présente un
contrat à la main, et qui demande que ce contrat continue d'être exécuté
en tout ce qui n'est pas contraire à l'utilité publique.

S'il y a un préjudice à essuyer, sur qui doit-il tomber? Est-ce sur le
spéculateur, ou sur l'homme qui se renferme dans des droits légitimement
acquis?

La solution ne saurait être douteuse.

Délibéré à Paris, le 20 janvier 1833.

H. De Vatimesnil.

L'avocat à la Cour royale, soussigné,

Adhère, sans restriction, à la consultation qui précède,

Il lui paraît évident que les premiers juges ont erré en déclarant, d'une
manière générale et absolue, que l'expropriation d'un immeuble pour cause
d'utilité publique, *emportait la résiliation du bail dont il était l'objet.*

Ce principe n'est vrai qu'à l'égard de la portion de cet immeuble qui,
devant servir aux travaux d'utilité publique, va cesser par cela même
d'être l'objet d'une propriété privée.

Il est sans aucune application à tout le surplus, et le nouveau propriétaire
ne succède, quant à ce, aux droits de son vendeur, qu'à la condition de souffrir la continuation du bail.

La raison de cette différence est qu'en ce qui concerne la partie du sol
destinée à demeurer en dehors des travaux, on ne peut pas, comme en ce

qui regarde la portion qui leur est sacrifiée , *articuler le fait de la perte de la chose louée , pour prétendre que le bail a cessé de plein droit.*

Dans l'espèce soumise à la Cour, le sieur Batton admet que la maison dont il s'agit , doit périr jusqu'à concurrence d'environ un quatorzième.

Mais, à l'égard du surplus, *la chose ne périt nullement; seulement il y a changement dans la personne du propriétaire des* 13/14 *que le percement de la rue doit épargner.*

Ce changement de propriétaire importe peu au sieur Batton; son contrat lui reste, et il l'exécutera tant que les 13/14 qui doivent subsister, conserveront la nature de maison d'habitation.

Le sieur Batton n'a pu perdre son procès que parce que les premiers juges, frappés de ce que l'acquisition de la ville de Paris s'étendait à la totalité de l'immeuble, n'ont pas distingué la partie de cet immeuble qui entrait *forcément* dans les mains de la Ville par l'effet du principe de l'ex · propriation pour cause d'utilité publique, d'avec celle qu'elle n'acquérait *qu'à titre privé* , par suite du libre consentement du propriétaire. Cette confusion d'idées, qui a fait tout le succès de la ville de Paris, étant invinciblement combattue par la Consultation ci-dessus, l'on ne verra plus l'intérêt particulier suffire pour motiver l'éviction d'un citoyen, au mépris de la Charte et du Code civil, qui n'accordent ce privilége exorbitant qu'à l'*intérêt public seul.*

Les premiers juges n'ont pas , au sentiment du soussigné, commis une moindre erreur, quand, envisageant subsidiairement la ville de Paris comme étant aux droits du vendeur, ils ont décidé que si le sieur Batton pouvait exiger la continuation de son bail sur ce qui restait de l'immeuble, il n'était pas fondé à demander contre elle l'édification d'un mur destiné à clore le surplus des lieux compris au bail, et à les séparer de *la seule partie véritablement expropriée pour cause d'utilité publique.*

Il est manifeste que cette disposition du jugement dont est appel, renferme deux propositions contradictoires.

La loi, en conservant au locataire l'exécution de son bail sur un immeuble, dont une petite partie a péri par une cause de force majeure, a certes voulu une chose sérieuse ; or , la faculté qu'elle assure au locataire serait dérisoire si, à côté du maintien qu'elle fait à son profit du droit de jouir, elle ne plaçait pas d'action pour contraindre le propriétaire à clore les lieux loués. Il ne s'agit pas ici de la réédification d'un bâtiment, mais seulement d'une clôture sans laquelle l'apparente faveur de la loi ne serait pour le locataire qu'une pure déception (1).

Si l'article 1722 est muet à cet égard, c'est que les articles 1719 et 1720 avaient d'avance dit ce qu'il n'aurait pu que répéter, et le caractère de toute bonne loi est d'être sobre de paroles superflues et avare de redites.

Ces articles, en déclarant que, sans aucune stipulation particulière, *le bailleur est tenu d'entretenir la chose en état de servir à l'usage pour lequel elle a été louée, et qu'il est chargé, pendant toute la durée du bail, de toutes les réparations qui peuvent devenir nécessaires, autres que les locatives,* expliquent et justifient le silence de l'article 1722.

Par ces motifs le soussigné estime, avec l'auteur de la consultation qui précède, que le sieur Batton a toute raison d'espérer de la justice de la Cour la réformation d'un jugement qui n'a pour fondement qu'une interprétation erronée, tant de l'article 1722 précité, que des lois sur l'expropriation pour cause d'utilité publique.

Délibéré à Paris, le 23 Janvier 1833.

LAVAUX,
Avocat à la Cour royale.

JULES GOSSIN,
Avocat à la Cour royale.

---

(1) « J'ai entendu, dit l'*Annotateur de Bourjon* (Tom. II, pag. 49 de l'édition de » 1770), décider, au Châtelet, que la façade d'une maison ayant été reculée par autorité » de justice, cette diminution de terrain ne donnait pas lieu à la résiliation du bail; mais » à une diminution proportionnée du prix. Dans l'espèce, le locataire pouvait continuer » son commerce dans la maison, nonobstant le retranchement du terrain; circonstance » qui soutient le bail. »

Ici le propriétaire était le demandeur; car la législation d'alors était moins favorable aux locataires que l'art. 1722 du code, et sans doute ce propriétaire qui fit maintenir son bail, pourvut, à ses frais, à la reconstruction de la façade. Mais qu'on suppose les rôles intervertis, comment le propriétaire, tenu de souffrir la continuation du bail sur ce qui reste de l'immeuble, pourrait-il se dispenser de clore le locataire?

AVIS

DE

MM. Achille LECLÈRE, PROVOST et CARISTIE,

ARCHITECTES,

POUR

M. BATTON, FLEURISTE DU ROI,

CONTRE

M. LE PRÉFET DE LA SEINE.

———

Nous Soussignés, Achille LECLÈRE, architecte, chevalier de la Légion-d'honneur, membre de l'Institut ; CARISTIE, architecte, chevalier de la Légion-d'honneur, membre du Conseil des Bâtimens civils ; et PROVOST, chevalier de la Légion-d'honneur, architecte de la Chambre des Pairs ;

Appelés par M. Batton, fleuriste du Roi, dont la maison de commerce se trouve établie rue Richelieu, n°. 76, à l'effet de déterminer exactement la position de ladite maison, et la portion de cette maison qui se trouvera enlevée par suite du percement de la nouvelle rue en face de la Bourse, et, par suite, de lui donner notre avis sur les questions ci-après, savoir :

1°. Quelle sera exactement la portion qui sera prise par l'alignement dans les lieux loués au sieur Batton, et notamment dans la boutique qu'il occupe rue Richelieu? Ces lieux seront-ils restreints de telle manière qu'il ne puisse y continuer l'exploitation de son commerce ; ou, au contraire, restera-t-il à ce dernier un espace suffisant?

2°. Y a-t-il moyen de faire, après le retranchement opéré, des travaux tels que le sieur Batton puisse être maintenu dans sa jouissance pendant le restant de son bail?

3°. Comment ces travaux devront-ils s'opérer, et quelle doit être la durée de leur exécution?

Nous nous sommes transportés dans la maison dont s'agit, où nous avons, au moyen de l'exécution déjà opérée de l'angle opposé de la rue, reconnu parfaitement exact le plan des localités dressé par MM. Guillemot et Renié ; en conséquence, nous avons vérifié que, par l'exécution du retranchement de la maison n°. 76 et la reconstruction d'un nouveau mur devant former façade sur la rue nouvelle, le magasin de M. Batton ne sera point entamé : ainsi, les armoires sur la face gauche en entrant, et le petit couloir noir qui se trouve derrière, seront seuls supprimés ; la devanture même de ces armoires pourra être conservée, de telle sorte que le périmètre intérieur du magasin où est reçu le public sera conservé intact, le petit atelier qui se trouve derrière sera conservé, et l'alcôve où couche une demoiselle de boutique, sera seule enlevée par l'alignement. *Il est donc évident qu'il restera à M. Batton, quant au magasin, tout l'espace dont il jouit, suffisant pour l'exploitation de son commerce, et qu'il ne sera privé que de partie de dépendances qui lui sont utiles, mais dont, à la rigueur, il pourra se passer.*

La possibilité de faire des travaux qui mettent la maison en état de subsister, et de manière à ce que le sieur Batton soit maintenu dans sa jouissance, est un fait incontestable, évident, et sur lequel tous les avis qui ont été communiqués aux soussignés sont d'accord ; il est donc inutile de s'appesantir sur ce point ; mais les soussignés, contrairement à l'avis émis par les experts nommés par le Tribunal, ne craignent pas d'affirmer que ces travaux (c'est-à-dire la construction d'une façade sur la nouvelle rue), loin de porter préjudice à la valeur de la maison en question, permettront de tirer de cette maison, relativement à la superficie qui lui reste, un parti plus avantageux qu'auparavant. En effet , le mur à rez-de-chaussée pourra être disposé de manière à conserver des baies , qui , bouchées provisoirement pour ne rien changer à la construction et au décor du magasin de M. Batton, et utiles à son genre de commerce, seront ouvertes à l'expiration du bail de M. Batton, donneront à la boutique d'encoignure un développement de façades ouvertes fort avantageux , et permettront de faire une boutique de l'arrière-boutique et de la loge du portier, ou de réunir le tout ensemble pour un seul établissement.

Les étages supérieurs , quoique perdant un peu de superficie, retrouveront bien leur valeur par les jours pris sur la nouvelle rue, surtout pour les pièces du fond , qui ne sont éclairées que sur une cour : ainsi donc, loin de diminuer , il est évident et incontestable que la maison en question gagnera de valeur , de manière , non seulement à compenser la perte de la partie retranchée , mais même à faire un bénéfice notable. Les soussignés , pour rendre ce fait plus sensible , ont dressé un petit plan comparatif de l'ancien et du nouvel état , tant pour le rez-de-chaussée que pour un étage supérieur.

Quant au mode des travaux et à leur durée, il est facile de s'en rendre le compte le plus exact, ils sont d'une exécution facile et usitée, ils ne nécessiteront la démolition ni du plancher bas, ni du plafond, ni des trois autres murs du magasin qui , à l'aide d'une cloison en planches revêtue de papier, placée à trois pieds du mur à construire, sera parfaitement préservé de tous dégâts pendant le moment de l'élévation du mur dans la hauteur du rez-de-chaussée, après lequel temps le magasin pourra sans aucun inconvénient, être immédiatement remis dans son état ancien, puisque contre le seul mur humide ne s'appliquera qu'une face d'armoire sans profondeur, servant seulement de décors (1).

(1) Note indiquant le mode de construction proposé par les soussignés pour le mur devant former la façade sur la nouvelle rue.

Tous les planchers se trouvant actuellement portés par le mur pignon , il sera , pour la construction du mur qui doit le remplacer , inutile de faire d'autres étaiemens que ceux nécessaires pour porter les voûtes des caves, dont portion sera démolie pour monter le

Ces travaux ne devant pas également porter un grand préjudice au sieur Batton dans tout le temps de leur confection, nous avons pensé qu'on devait les séparer en trois périodes distinctes.

La première, pendant laquelle les murs seront montés dans les caves et les voûtes reprises par portions. Pendant cette première période, le sieur Batton ne sera nullement troublé dans les lieux qu'il occupe et n'éprouvera d'autres désagrémens que ceux ordinairement supportés par des locataires, lors de travaux faits dans une maison dont on habite une portion. Après nous être rendu compte des fondations à faire, des chaînes à monter pour porter les piles du rez-de-chaussée, de la superficie du mur à monter, nous avons estimé que le temps nécessaire à cette première période ne peut en aucun cas excéder un mois.

Pendant la deuxième période, les piles d'encoignures et autres seront montées dans la hauteur du rez-de-chaussée; les poteaux placés, et le raccordement du plancher fait. Pendant cette deuxième période, le sieur

---

mur. Ainsi donc il sera placé des couches en long portant ces portions de voûtes, et par conséquent le sol du rez-de-chaussée. Le mur sera monté jusqu'à la naissance des voûtes où les retombées seront reprises par portions, sans le moindre inconvénient. (Ces voûtes, il est vrai, n'auront pas, quant à leur cintre, une forme entièrement régulière, mais elles seront parfaitement solides.) Une fois le mur monté à niveau de rez-de-chaussée et les voûtes reprises, les piliers, qui probablement formeront les ouvertures de boutique à rez-de-chaussée, et celle d'encoignure principalement, seront montés par assises jusqu'à la hauteur du plancher haut pour recevoir les poteaux qui, eux-mêmes soulagés par des colonnes en fer ou fonte, recevront les solives d'enchevêtrure.

Le mur devant former la nouvelle face, avec toutes les baies qu'on croira devoir faire, sera monté successivement d'étage en étage, portant chaque plancher jusqu'au comble qui devra être retaillé en croupe. Alors l'ancien mur qui aura servi d'étai ou de clôture pendant cette opération, sera démoli en commençant par le haut, ainsi que les arrachemens des murs de refend qui s'y trouvent liés. Il est à observer que ce mur se trouvant lié à gauche au mur du fond, au milieu au mur de refend du milieu de la maison, il suffira, pendant le temps de la construction du nouveau mur, lorsque les planchers seront tranchés à chaque étage, et pour prévenir tout déversement, de placer deux contrefiches à l'angle du mur à démolir sur la rue de Richelieu.

Batton sera privé d'une partie de la boutique qu'il occupe. Nous en évaluons le temps, y compris la dépose et repose de partie des boiseries et les raccords à faire, à trois semaines.

Pendant la troisième période, le mur en élévation, au-dessus du rez-de-chaussée, sera monté, le ravalement fait, et l'ancien mur démoli. Pendant ces travaux, le magasin sera rendu à ses dimensions et formes primitives ; les travaux de la construction du mur, en nouvelle face, pourront se faire, comme il est expliqué, sans gêner la location du sieur Batton, qui n'a et ne veut aucune ouverture sur la nouvelle rue, et sans que ce dernier éprouve d'autre préjudice que celui qu'il a déjà éprouvé par la poussière, lors de la démolition de la maison voisine. Nous évaluons le temps nécessaire à cette période à six semaines.

Ainsi donc, en résumé, les soussignés attestent que le périmètre intérieur du magasin du sieur Batton reste le même, et que ce dernier ne sera privé que de partie de dépendances qui lui sont utiles, mais non indispensables ;

Que les travaux, pour remettre la maison en état, sont évidemment possibles et même faciles à faire, et que loin de paralyser la valeur de la maison, ils produiront, dans cette valeur, un notable avantage.

Enfin, que les travaux devront durer au plus trois mois et huit jours, pendant lesquels le sieur Batton n'éprouvera de gêne dans les lieux qu'il occupe, que trois semaines ;

Les Soussignés termineront en faisant observer qu'ils ont cherché à mettre d'autant plus de soin, d'exactitude et de recherches dans le présent avis, qu'ils se sont trouvés en certains points, et notamment pour le temps pendant lequel le sieur Batton sera gêné dans les lieux qu'il occupe, d'une opinion opposée aux précédens avis qui leur ont été communiqués.

Fait et clos à Paris, le Lundi 21 Janvier 1833.

Signé Achille LECLÈRE,   CARISTIE et PROVOST.

Imprimerie de Pihan Delaforest (Morinval), rue des Bons-Enfans, N°. 34.

www.ingramcontent.com/pod-product-compliance
Lightning Source LLC
Chambersburg PA
CBHW050428210326
41520CB00019B/5831